Y TAMBIÉN EL OLVIDO

Y TAMBIÉN EL OLVIDO

JUAN VICENTE CALDERÓN

Valparaíso
EDICIONES

Número 518 de la Colección VALPARAÍSO DE POESÍA
dirigida por FEDERICO DÍAZ-GRANADOS

Diseño de colección y portada: Chari Nogales
Maquetación: Carlos Henson

Primera edición: noviembre de 2025

© De los poemas: Juan Vicente Calderón
© Ilustración de la portada: Juan Vicente Calderón

© Valparaíso Ediciones
C/ Fray Leopoldo, 7 bajo, 18014 Granada
www.valparaisoediciones.es

ISBN: 979-13-87538-80-4
Depósito Legal: GR 1426-2025

Impreso en España - *Printed in Spain*
Gráficas Gami

Y TAMBIÉN EL OLVIDO

Para Ana

PRÓLOGO

Ocurrió hace unos años
En mitad de una vida apacible
aburrida
sin ruidos y sin miedo
comenzó una historia que podía
haber quedado en nada
Apareció ella
y empezó mi vida feliz

POBRE DE MÍ

Si tu desamor y mi desamor
no hubieran coincidido
aquí y ahora
en el desastre biográfico
que es el revés del amor
Si no hubiéramos sido
los estúpidos que fuimos
dos insensatos
pobre de mí
pobre de mí
cuántas cosas me habría perdido

AMÁNDONOS

Nuestros defectos
que a ratos compartimos
no son tan groseros
como este inmenso amor
Es por eso que aquí estamos
haciéndonos viejos
sin demasiado ruido
Es nuestra felicidad
silenciosa
doméstica
lo que tantos añoran
Y aquí seguimos, viviendo
amándonos
sin hacer demasiado caso
a nuestros defectos

TAN FINO COMO LA SEDA

Hay un momento
cuando todo empieza
y las horas refulgen como anillos de oro
y el camino parece siempre el camino correcto
Hay un instante
en que nuestro amor
aunque tú no lo sepas entonces
pende de un hilo tan fino como la seda

ALGUIEN COMO TÚ

Que juegas al amor de vez en cuando
y dejas a un lado las promesas,
el valor de las cosas más pequeñas
Más que un hombre de provecho
yo quiero ser
un disparate de hombre
que abrace a los extraños sin complejos
y viva con el ímpetu de un niño
Amo la vida y,
antes que nada,
yo quiero ser alguien como tú

SI LA MIRAS DESDE FUERA

Si la miras desde fuera
con la distancia suficiente
con los ojos entornados
sin hacer ningún esfuerzo
parece una mujer normal
Alguien que vive y respira
y muere de miedo cada día
Hecha de la misma carne
que envejece y se pudre
como la nuestra
Si te acercas
desde dentro
si compartes el tiempo con ella
si alguna vez la tienes en tus brazos
compruebas que es cierto
Una persona normal que ha llegado
para mejorar tu vida
Justo lo que estabas esperando

MIGAJAS

Somos apenas migajas
Dos seres ilusionados
aquí plantados, frente a frente
el uno junto al otro
Somos los restos de serie
pobres y alucinados
que a su paso firme
y tranquilo deja el amor

NUNCA MÁS

Ella me había elegido
solo yo
señalado entre los otros
una larga hilera de farsantes
del primero hasta el último
Todos buscábamos lo mismo
un poco de calor que nos ayudara
a soportar el invierno
con un poco de suerte
un amor para toda la vida
Fui el preferido y desde mi trono
en un universo distinto
sentí lastima
me apiadé
de los otros
que ya no podrían tenerla cerca
nunca más

GRANDEZA

Una niña que estudia, acaba sus deberes,
apoya como puede en las rodillas
algunas hojas sueltas de un cuaderno
en el campo de refugiados donde hoy vive
Mira abstraída y en su mirada
está el futuro de los hombres,
el mayor tesoro de nuestra especie
No importa que se acabe la luz del día
y que ya no exista el cuaderno,
que mañana alguien haya acabado con su vida
No existe tragedia alguna ni odio suficiente
que puedan acabar con la grandeza de la niña
que termina los deberes apoyada en sus rodillas

Y TAMBIÉN EL OLVIDO

¿Dónde están los que un día me quisieron?
Quizás han sido justos conmigo
Me han devuelto el amor que les diera
y también el olvido

DESCUBRIMIENTO

Poco a poco la vas conociendo a través de sus cosas
Habláis durante horas que se convierten en días
Duermes con ella y cambias el orden de tu vida
Van apareciendo uno a uno algunos nombres,
amigos del pasado y también sus amantes
Descubres que todo te interesa demasiado,
el camino que toma para ir al trabajo,
las fotos antiguas, de ella cuando era niña,
los agravios y las pasiones del último año
Su cuarto está hecho de algunas pequeñas cosas
Y allí también entiendes una parte de ella
Lentamente haces tuyo ese descubrimiento
y la nueva cadencia es ahora el centro de tu vida
Parece imposible que esto no sea para siempre

AQUELLO QUE NO TUVISTE

Puedo hacer una lista
de todas las cosas que te has perdido
Una vida feliz al lado de alguien
que pudiera entender que este mundo
no es el mismo para todos
Te despistas un momento y te quedas a un lado
y ya es imposible volver a encontrar
el camino correcto
Comienza entonces una lenta agonía
que se vuelve rutina y percibes
que los otros te miran de un modo distinto
Y acaba por no importarte demasiado
cómo te miran,
las horas del día,
la noche que nunca se acaba
Volver a todo eso que no tuviste
es un ejercicio de futilidad
No sé si alguna vez habrás pensado
en las cosas que podrías haber conseguido
con solo un pequeño cambio en las circunstancias
Yo quiero creer que no
Que asumías el destino que te había tocado
sin esperar nada de nadie,
como hacen las bestias que pastan en el monte

TU OTRO YO

Luego están las fotos y los dibujos,
que cuentan solo una parte de las cosas,
que no dicen quién eres, no hacen justicia,
no hablan ni se mueven ni tienen
el olor de tu piel y de tu pelo
Están los recuerdos, aún más vacíos,
dejándose tanto de tu vida
Y la imagen efímera que se queda en los espejos
Está el vacío que dejas cuando te mueves.
Y está tu sonrisa, que es tu esencia.

PASADO PERFECTO

Hablamos toda una noche
No hizo falta mucho más para quedar prendidos,
unidos por una fuerza aún más fuerte
que el simple desconsuelo
Jugamos sin pensar en otra cosa,
como hacen los niños, encontrándonos
en el espacio pequeño que dejan
a su paso los días normales
Sentimos un miedo atroz al dejar de vernos
y volvimos enfurecidos por la distancia
y por los celos, sabiendo que nunca más
estaríamos lejos
Crecimos juntos, dividiendo las penas
y las alegrías
Completamos sin saberlo
una historia de amor perfecto,
con un principio incierto
y sin final

LO SIENTO

No son más que dos palabras
pero hay a veces tras ellas
un mensaje desesperado,
la derrota del espíritu de los hombres
Te dicen *lo siento* con franqueza
cuando el daño ya está hecho
y las palabras y los lamentos
no van a ser del todo convincentes
Está escrito en una pared de piedra
y lo han leído todos menos ella
Nadie ha dicho jamás *lo siento*
como tú lo hiciste
Eras pura inocencia en aquel mensaje
Lo hiciste un día cualquiera,
lleno de obligaciones
y también de cansancio.
Traías contigo un tesoro oculto
al volver de la escuela
Nadie ha escrito jamás *lo siento*
como tú lo has hecho,
con tu letra menuda y porfiada
y tu mano tan pequeña
donde no caben más letras
Precisamente tú,
que no has tenido tiempo
para hacer nada malo

HOY NO ES FÁCIL RECORDARLO

Hoy no es fácil recordarlo
el fulgor de las luces de la ciudad
la ilusión y el valor que tenían las cosas
que ahora llamamos normales
Me bastaba el aliento,
la presencia del uno junto al otro
para hacerle frente a la hilera
de aquellos problemas minúsculos
Si hoy pudiera evocarlo con cierta destreza
tendría en mis manos el mayor tesoro
la memoria de un tiempo que fue y se ha ido

UN INSTANTE DE AMOR

No he podido ni tan siquiera tocar tus manos
ni decirte *me gustas, quisiera conocerte,*
¿será posible verte cuando acabe tu turno?,
o ¿vendrías a vivir para siempre conmigo?
Me basta un segundo para inventar tu historia
y busco en tus muñecas, en tu piel tatuajes,
cicatrices que resuman de algún modo el pasado
Imagino una vida rodeada de hombres
que no saben nada de lo que en realidad te pasa
cuando callas y te ahogas y quisieras morirte
y lamentas no haberle hecho caso a tus sueños
Y miro tu mirada cuando no miras nada
pero no se me ocurre qué puedo decirte
para hacer que te fijes en mí por un instante
Cambiaría estos versos por verte de nuevo
aunque sé que aquí se acaba mi historia contigo

FIN DE AÑO

Se acaba el año
pero los pobres son los mismos de siempre
y se pudren en las calles los cuerpos vencidos
La noche es fría para dormir al aire libre
pero se acaba el año y eso suaviza la pena
¡Danzad!, que esta noche no hay muertos
¡Danzad!, porque hoy empieza todo
Danzad como si no fuéramos apenas culpables

UN TESORO SUFICIENTE

Es el momento de volver a vivir
De enredarnos con ese cuerpo suyo
ausente y olvidar el olor y el desconsuelo
que han colmado los últimos meses

Hay que volver a buscarla
porque ya no era ella y no sé bien
dónde quedan ahora la voz y los huesos
su corazón desprendido
y la alegría de otro tiempo

Hoy no nos queda más que la memoria
y eso será o no será un tesoro suficiente

CUANDO ÉRAMOS FELICES

Cuando éramos felices
éramos, quizás, menos felices
de lo que somos ahora

NUESTRA VIDA EN COMÚN

Nuestra vida en común es un camino de rosas
Nadie ha tenido tanta suerte
Sin apenas ningún obstáculo en el trayecto,
hemos conocido lo que llaman amor,
algo que no está al alcance de todos,
el sexo, la alegría, hemos aprendido juntos
Han pasado los años como pasa un invierno,
con los días muy cortos y sin apenas ruido
Hoy me quedo para siempre
con este feliz camino

FURTIVOS

Voy a ignorar educadamente
sin sobresaltos
todas las opiniones de aquellos
que no nos entienden
Huimos de bar en bar
dejando también a ratos que nos vean,
orgullosos de vivir en una comedia,
de estar juntos, más que nada
Escapamos
un día tras otro de las fotos,
de las miradas
siendo el centro de un amor dividido
y furtivo
El mejor que nunca existió

COMO ELLA

Para Blanca y Ana

Aunque no lo sabe
todas querían ser como ella,
tener una vida suficiente
no muy lejos de los suyos,
sentir a ratos la culpa y también la tristeza,
habitar un pequeño rincón
en alguna parte
También las que reían cuando estaba cerca
y a las que tanto odió

No lo sabe
pero todos querrían estar con ella
También aquellos príncipes azules del pasado
que ahora mendigan su dosis de amor
Alineados como hormigas frente a ella
no son más que una letanía
de la tristeza

Siempre ha pensado que era una más,
que nadie podría envidiarla nunca
Pero a todos nos gusta estar cerca
de personas normales
Y es que la naturalidad se cotiza al alza

RESUMEN

Despertar a su lado cada día
Comprobar otra vez que no es un sueño
Todo parece más fácil si está ella
Éste es un buen resumen de mi vida

SUERTE

Es en ese momento de vuestra vida en común
cuando han pasado los años
y crees que lo has visto todo
No os brillan los ojos como antes
y duelen las cosas de un modo distinto
Entonces te das cuenta de la suerte que has tenido
del hombre que has sido gracias a ella

INMORTALES

Ahí estáis, todos viviendo
sin intención de parar
con el pelo pintado
mientras duermo
Habéis encontrado en el éxtasis
vuestra esencia
Los inmortales estáis a otra cosa
viviendo la vida
que quisiéramos vivir
los mortales

MI SUERTE

Tras tus pasos
aquel día
(Era la primera vez que sabía de ti)
venía el pasado
Los largos años de una infancia feliz
La joven estudiante
que quería comerse el mundo
Luego fue todo demasiado rápido
La niña mujer, una boda y un divorcio
en poco tiempo
los agravios y el ruido del desamor
Te acompañaba ese día
un yo distinto
que no he conocido,
que felizmente se me escapa
La pienso a veces, a esa mujer distante
llena de vida que eras
antes de ser mi suerte

LOS TUYOS

¿A quién vas a echar de menos
cuando estés en el infierno?
¿De quién te acuerdas cuando llueve
en la tarde sombría
y estás solo?
¿Quién va a estar contigo
en el último instante?
Hazte solo un par de preguntas
y quizás te sorprenda saber
quiénes son los que en realidad
están a tu lado

INVENCIBLE

Vino en silencio, sin el estruendo
que suele acompañar al amor joven,
y cambió mi vida
Pronto me perdí entre los días
y sus piernas y aprendí de memoria,
letra por letra, su discreta biografía
El amor es un enredo
que vino a ocuparlo todo,
a dejar en la sombra los miedos
de otro tiempo
Sucedió, yo no sé cómo,
que estar a su lado era la solución para todo
Me sentí por vez primera alguien poderoso,
quizás invencible, sin debilidad,
sin fisuras
Tenía su rostro en mi cama,
su cuerpo a mi lado
y siempre siempre una sonrisa

LOS VE PASAR

Los ve pasar uno a uno
como una larga letanía
Se siente incapaz
de odiarlos aunque ellos representan
la felicidad doméstica
que tanto añora

Son la burguesía, iluminada
como las grandes avenidas
en la noche,
con sus demonios
y sus cánceres que les vuelven
tan humanos

No escatiman en nada
y casi ni le miran.
Tal vez les humille
lo que ven en él,
al menos esa parte que
les recuerda
su propia miseria

ENEMIGOS

Están ajados (seres humanos
cargados de tristeza)
y les veo pasar a los niños
como a un vulgar testigo
Estos parecen felices,
normales y felices a su manera.
Porque los críos son así
y porque nadie ha muerto,
esa es la verdad
Odian este momento
Lo veo en sus gestos,
las miradas, las palabras
Solo unos metros les separan
pero en ese espacio caben
todo el rencor, el arrepentimiento,
el desprecio a aquel par de décadas
de vida en común
Percibo el dolor del encuentro,
cómo hemos podido llegar a esto
Y después del desamor y el ruido
llega otro amor y entonces
la distancia se hace imposible
Habían nacido para estar juntos
pero sucede que también
pueden llegar a odiarse a muerte
(ser enemigos íntimos)
Y es que la vida, casi siempre
es más larga que el amor

A SALVO

Cuando mis hijos eran pequeños
y yo cerraba la puerta de casa por la noche
no era demasiado tarde
sentía que mi hogar estaba a salvo
y que ellos estaban protegidos
Que era el mejor de los padres
No hubo un invierno lo bastante duro
No existían las guerras
Nada importaba de lo que sucedía al otro lado
cuando cerraba la puerta de mi casa

LA MIRADA DEL AMOR

Puede ser que alguna vez alguien te mire
de una forma directa a los ojos
Intensamente
Que lo haga casi por primera vez
Y que percibas en esa mirada, sin embargo,
todo el respeto,
el cariño,
tanto amor
Y que sientas el miedo a que el mundo
sea ya distinto para siempre y a la vez
el orgullo y la suerte de ser otra vez el elegido
Puede ser que despiertes un día y descubras
que hay alguien que ha venido a mirarte
como nadie lo había hecho nunca

LIBRE

Ojalá puedas ser alguna vez
libre, como yo lo he sido
Libre para querer sin ataduras
Pobre y libre y dueño de tu destino,
para vivir a la deriva o seguir
el camino que te dicte la vida
Como yo lo fui un día
Para morir solo si quieres
Pobre y solo
Y libre

EL HOMBRE QUE SOY

Del hombre que he sido y al que apenas conozco
no me quedan hoy más que algunos apuntes tristes,
y hace ya tiempo que perdí la esperanza
de que cuenten fielmente lo que ha sido mi vida

De un pasado feliz del que apenas me acuerdo
voy a quedarme tan solo con dos o tres personas,
que me dejaron crear y vivir dignamente
No sé cómo habría sido mi vida sin ellos

El hombre que seré es para mí una incógnita
y me angustia que se quede solo para siempre
Que no pueda tener todo lo que yo he tenido

TAN FELIZ COMO ENTONCES

Las comparaciones son odiosas pero me quedo
con cualquiera de aquellos días de octubre,
cuando estábamos conociéndonos
debajo de tus sábanas
sin saber que aquello era lo mejor
que podíamos esperar del amor
Yo no he vuelto a ser tan feliz como entonces
Me quedo con el camino que recorrimos juntos,
con la carne devorada y el miedo compartido
No han sido muchos años pero en ellos está
todo lo que un hombre necesita para ser feliz
Volvería a elegirte entre todas las mujeres
si alguien me obligara a empezar de nuevo
Tu sonrisa sincera y ese repertorio tan humano
son lo mejor de ti
Me quedo también con los días iguales,
que no cambiaría por nada
Y sé que hay un golpe de suerte en cada amanecer,
cuando descubro que hoy tampoco te has ido

LOS HIJOS DE NADIE

Nadie se lo ha enseñado
No asistieron a ninguna escuela
pero ellos odian con un afán que conmueve
En su forma de ser hay algo animal,
una bestialidad que resultaría cómica
si no nos hiciera morir de espanto
Son los hijos de nadie, desheredados,
malqueridos, incapaces por eso
de amar a alguien
Nos llevamos las manos a la cabeza
cuando hacen sangre pero,
no lo olvides,
son los hijos de nadie,
y matan, humillan y hieren
por el más puro instinto de vida

ASÍ QUE ERA CIERTO

Así que era cierto que existías,
que llevabas una vida normal en otra parte
iluminando una existencia que no era mía,
que agotabas tu juventud hermosa
frente el bastidor de la melancolía
Así que es cierto que ahí estabas,
deshabitada de mí, acobardada y sombría
Que esperabas al hombre perfecto
sabiendo que no llegaría
Así que era cierto que venías
divertida e insolente, ligera
de la culpa de no haber vivido,
tan morena que no vi tu sombra,
tan pequeña que no te veía
Así que era verdad
y ya te has ido

PARA SIEMPRE

Me ha dicho adiós pero no es para siempre
y ahora ya no quiero tenerla a mi lado
Sé que era sonrisa más allá de su sombra,
en el hueco que existe entre la piel y el alma,
donde queda marchito el amor que tuvimos
Me ha dicho adiós, y quizás para siempre
Ahora será, por días, tristeza u olvido

AMOR EN CENIZAS

Hoy he borrado las últimas fotos
Las guardaba como un pequeño tesoro
Allí estábamos todos, en la casa de alguien,
descontando un puñado de horas felices
sin pensar en que pronto dejaríamos de vernos
y que ya nunca más estaríamos juntos
Las guardaba y hoy pienso que aquello era todo
lo que tenía de un tiempo que ya es imposible
Sin ellas parece que estás aún más lejos
y que pronto seré incapaz de recordarte
Le he dicho adiós a este amor asimétrico
que no es otra cosa que un amor en cenizas

INFANCIA FELIZ

Es el año 86
y no hay demasiadas cosas que hacer por el día
si eres tan solo un crío que no tiene
lo que podríamos llamar un amigo
Juegas solo en casa, te vale cualquier cosa,
a veces tan solo un papel y un lápiz
y la lista de los chicos de tu clase
Ellos tienen a bien humillarte en ocasiones
Es fácil hacerlo cuando uno es, digamos,
un ser humano frágil
Vas tejiendo tu infancia
sin demasiadas ganas de salir de ese círculo
que hoy me parece pequeño
Te gustan algunas chicas de carne y hueso
pero ellas están lejos,
la distancia parece insalvable
Son guapas y tú eres incapaz de acercarte y hablarles
Te sirve esa abstracción,
la vida que pasa como si no fuera contigo,
para no tomarte las cosas demasiado en serio
Son bonitas las tardes que pasan sin que pase nada
Hoy puedes evocar sin esfuerzo
algunos de esos días
que pasas perdido entre todos tus hermanos
Puedes pensar en una infancia feliz o no hacerlo,
recordar un tiempo vacío o imaginar una vida
que no es la tuya y que tiene un brillo distinto
Tal vez te hubiera gustado

un poco más de atención y de protagonismo
Pero entonces no habrías sido tú la misma persona
ni sería esta la cadencia triste de tu aliento
Y tampoco escribirías lo que escribes ahora

ÍNDICE

Prólogo 11

Pobre de mí 12

Amándonos 13

Tan fino como la seda 14

Alguien como tú 15

Si la miras desde fuera 16

Migajas 17

Nunca más 18

Grandeza 19

Y también el olvido 20

Descubrimiento 21

Aquello que no tuviste 22

Tu otro yo 23

Pasado perfecto 24

Lo siento 25

Hoy no es fácil recordarlo 26

Un instante de amor 27

Fin de año 28

Un tesoro suficiente 29

Cuando éramos felices 30

Nuestra vida en común 31

Furtivos 32

Como ella 33

Resumen 34

Suerte 35

Inmortales 36

Mi suerte 37

Los tuyos 38

Invencible 39

Los ve pasar 40

Enemigos 41

A salvo 42

La mirada del amor 43

Libre 44

El hombre que soy 45

Tan feliz como entonces 46

Los hijos de nadie 47

Así que era cierto 48

Para siempre 49

Amor en cenizas 50

Infancia feliz 51